Aquest llibre es per a tu Maria!
Crec que aquest llibre t'ajudarà a tenir més imaginació de la que tens, que es magnífica!
Espero que aquest llibre: 'Els contes de la Mariacastanya', el disfrutis tan com el vaig disfrutar quan tenia la teva edat!
M'encanta com vas millorant dia a dia!
Estic segura que aquest llibre et servirà de gran ajuda.
Amb cariño la teva padrina de lectura Eva mendoza!
Em sembles una fillola maravellosa!
Petons guapa!

ELS CONTES DE LA MARIACASTANYA

Contes populars aplegats per
Aurelio M. Espinosa, *pare, i* Aurelio M. Espinosa, *fill*
Adaptació de Concha Cardeñoso
Il·lustracions de María Fe Quesada

TIMUN MAS

És una publicació de:

grupo editorial ceac

Traducció: Dolors Senserrich

Passeig Manuel Girona, 71 baixos - 08034 Barcelona (Espanya)
Per a la present versió en llengua catalana
Timun Mas és marca registrada per Grupo Editorial Ceac, S.A.
www.editorialceac.com
info@ceacedit.com

ISBN: 84-480-1641-6
Dipòsit legal: B. 42.475-2002
Imprès a Espanya per Industria Gráfica Domingo, S.A.

Els contes de la Mariacastanya

Pròleg

A l'època de la Mariacastanya no hi havia televisió ni ràdio, ni cinema, ni videojocs, ni moltes altres coses que avui dia formen part de la nostra vida aquí, en el que anomenem l'Occident del planeta Terra. En aquells temps remotíssims, els nens i els grans s'entretenien durant les llargues nits d'hivern explicant i escoltant contes a la vora del foc i, a l'estiu, a la porta de casa, amb una cadireta i un plat de sopa.

Tots aquests relats no es trobaven als llibres. De primer, perquè gairebé ningú no sabia llegir ni escriure i, a més, perquè els llibres eren molt cars i la gent necessitaven els diners per a coses imprescindibles, com ara el pa i la llet de cada dia. Així, doncs, els contes han anat passant de viva veu de pares a fills des que el món és món.

I va ser així com els va aprendre la meva besàvia, que, a més del nom i els contes, va heretar l'habilitat per contar-los de la seva mare, que era la meva rebesàvia, i aquesta, de la seva mare, que potser en podríem dir la meva rerebesàvia, suposo, i ella, de la seva mare, i així fins a perdre'ns en el temps; però us asseguro que la

meva besàvia era la millor narradora de contes de tot el poble. Els explicava amb tanta gràcia que els veïns anaven a escoltar-la a les nits. Mireu si se'n va fer, de famosa, que un dia van arribar d'Amèrica dos savis estudiosos, pare i fill, que tots dos es deien Aurelio i que havien sentit a parlar de la meva besàvia i les seves avantpassades. Li van demanar que els expliqués tots els contes que sabia, que ells els escriurien en un llibre per portar-lo a la universitat i ensenyar-lo als estudiants d'allà. La meva besàvia els va dir que tots, tots, era demanar molt, però que els n'explicaria un cada nit mentre fossin al poble.

I va ser així com jo també vaig aprendre els contes que ara us explicaré, escoltant la meva «àvia bis», que li dèiem, amb les seves paraules antigues que tenen gust de raïm amb formatge i fan olor de pa acabat de fer, amb els seus personatges eterns, com ara pares i mares, fills i filles, reis, princeses, sabaters, llenyataires, gegants, animals que parlen i pensen, i molts d'altres personatges que viuen en la imaginació de tothom.

Així, doncs, espero que us agradin tant com a la gent del meu poble, als dos Aurelios savis i estudiosos, i a mi.

Amb tot l'afecte, per a vosaltres,

de la besnéta de la Mariacastanya

La Mariacastanya i el jove burleta

Fa moltíssims anys, en un país molt llunyà, vivien tres germanes a la mateixa casa. A la més gran, l'anomenaven Mariabruna, perquè tenia els cabells foscos com les prunes negres; a la mitjana, Mariarossa, perquè tenia els cabells daurats com el blat madur, i a la petita, Mariacastanya, perquè tenia els cabells del color de les castanyes. A totes tres els agradava molt l'alfàbrega, perquè feia molt bona olor i espantava les mosques; per tant, en tenien una mata frondosa prop de la finestra i la regaven cada tarda.

No gaire lluny de casa seva, vivia un jove ric, consentit i capriciós, que, per divertir-se, tractava les noies de beneites fent-los preguntes que no tenien resposta.

Un bon dia, quan el jove tornava de banyar-se al riu, va passar per davant de la casa de les germanes, i la casualitat va voler que, en aquell mateix moment, la germana gran sortís a regar l'alfàbrega. El noi, pensant que es riuria una mica d'ella, li va preguntar:

—Noieta bruna que regues l'alfàbrega, quantes fulles té la mata?

Ella no va saber què contestar-li i va entrar dins de casa, molt avergonyida, mentre el jove es cargolava de riure.

Uns quants dies després, quan el noi tornava del mercat, va passar una altra vegada per davant de la casa de les germanes, i la casualitat va voler que, en aquell moment, la mitjana sortís a regar l'alfàbrega. Llavors, el jove, per riure's també d'ella, li va preguntar:

—Noieta rossa que regues l'alfàbrega, quantes fulles té la mata?

La germana mitjana tampoc no va saber respondre-li; per tant, va entrar dins de casa, morta de vergonya, mentre el jove es cargolava de riure.

Poc després, una tarda, en tornar de l'escola, el jove va tornar a passar per davant de la casa, i, una altra vegada, la casualitat va voler que, just en aquell mateix moment, la germana petita sortís a regar l'alfàbrega. El jove es va posar a riure tan bon punt la va veure, perquè va pensar que li faria la mateixa pregunta.

—Noieta castanya que regues l'alfàbrega, quantes fulles té la mata?

I ella, que era molt eixerida, li va contestar:

—Noi aventurer,
quantes estrelles hi ha al cel, potser?

El jove es va quedar sense paraules perquè no sabia què contestar i, vermell de vergonya, se'n va anar amb la cua entre cames. La nena es va posar a riure al costat de la mata d'alfàbrega i va veure que el noi entrava a casa seva sense saludar a ningú.

Tant de greu li va saber, al noi, no haver pogut contestar a la pregunta, que no va parar de pensar de quina manera es podria prendre la revenja, fins que se li va acudir un bon estratagema.

Es va disfressar de venedor ambulant de puntes de coixí i va anar a casa de les tres germanes amb un bagul ple de blondes i puntes. Les noies grans no en volien comprar, però la petita, després de molt remenar, va escollir una punta fina per als punys de la seva camisa i va preguntar:

—Quant val aquesta punta, venedor?

—Aquesta punta, un petó.

Ella li va fer un petó i es va quedar la punta.

L'endemà, el noi va tornar a passar per davant de la casa de les germanes, però expressament, no perquè la casualitat ho volgués així. Es va amagar darrere un arbre i, quan la germana petita va sortir a regar, se li va acostar i li va dir:

—Noieta castanya que regues l'alfàbrega, quantes fulles té la mata?

I ella li va contestar el mateix que la vegada anterior:

—Noi aventurer, quantes estrelles hi ha al cel, potser?

Llavors, el noi, fregant-se les mans de satisfacció, li va dir:

—I el petó que li vas fer al venedor, no et va agradar gaire o bé Déu n'hi do?

La nena va comprendre que el venedor de puntes era el jove consentit i capriciós, i que s'havia disfressat per burlar-se d'ella; per tant, sense dir ni piu, va entrar a casa seva, mentre el jove es recargolava de riure.

Això no obstant, no us cregueu que el jove va guanyar la partida, no, perquè la nena era molt espavilada i va trobar l'ocasió de compensar-se'n, tal com ara us explicaré...

Poc temps després, el noi es va posar malalt i cap metge del comtat no aconseguia treure'l del llit. La germana petita es va assabentar de l'assumpte i, sense pensar-s'ho dues vegades, es va disfressar de metge molt savi i es va presentar a casa del noi dient que curaria el malalt. Després de parlar amb els metges de veritat i comprovar que el noi només tenia «romancitis aguda», va dir, molt seriosa:

—Cal punxar-li el cul fins que es guareixi.

Així ho van fer i, després d'unes quantes punxades, el jove se'n va atipar i va dir que ja estava curat i que volia anar a passejar. Llavors, es va acostar a casa de les germanes, es va trobar amb la petita i es va fregar les mans pensant que es tornaria a cargolar de riure burlant-se d'ella. Llavors, li va fer la primera pregunta de sempre:

—Noieta castanya que regues l'alfàbrega,
quantes fulles té la mata?

I ella li va contestar:

—Noi aventurer,
quantes estrelles hi ha al cel, potser?

I el noi, que ja començava a riure, li va fer la pregunta següent:

—I el petó que li vas fer al venedor, no et va agradar gaire o bé Déu n'hi do?

I la nena li va contestar:

—I quan al cul et punxaven, ganes de riure et quedaven?

Llavors el noi va comprendre que la nena havia descobert la seva «romancitis» i que li havia donat una lliçó. I, com que amb tantes visites i tantes rialles ja s'havien començat a conèixer i s'entenien d'allò més bé, el noi li va demanar que es casés amb ell.

Ella va tardar tota una temporada a decidir-se, però, quan va veure que el jove havia deixat de burlar-se dels altres, li va dir que sí, van celebrar un casament molt sonat amb molta tabola i riallades, i, a mi, no m'hi van convidar perquè no se'n van recordar.

El castell d'Iràs I No En Tornaràs

Primera part. Els germans bessons

Hi havia una vegada dos germans bessons, idèntics com dues gotes d'aigua i molt ben plantats. Vivien a la riba del riu, i ningú no sabia d'on havien vingut, perquè una pagesa els havia trobat a l'hort, enmig d'unes flors precioses que ella no recordava haver plantat.

La pagesa va agafar les flors i se les va endur a casa, juntament amb els nens. Amb les flors, va preparar una aigua clara i perfumada que va guardar en dues ampolletes ben tancades. Després va explicar al seu marit com havia trobat els nens, i van decidir que se'ls quedarien, tot i que eren pobres, i els van criar i estimar com si fossin fills seus. Uns quants anys després, quan els nens es van fer uns nois, van decidir anar a córrer món.

—Fills meus —els va dir la pagesa, quan es van anar a acomiadar—, ja que com a fills us hem criat i com a fills us estimem... El vostre pare i jo ja som vells; per tant, ens quedarem aquí esperant que torneu. Teniu —va afegir, mentre els lliurava les ampolletes d'aigua clara i perfumada—, us en dono una a cada un, per si un dia us separeu. Mentre l'aigua sigui clara —els va explicar—, cadascun de vosaltres sabrà que l'altre està bé.

Els dos germans se'n van anar i, en arribar en una cruïlla de camins, es van abraçar i l'un se'n va anar cap a les muntanyes i l'altre, cap al mar. El que se'n va anar cap a les muntanyes va caminar molt de tros per terrenys difícils fins que, en sortir d'una fageda, va arribar en un poble envoltat de prats verds, amb molts colomars i campanars, i on la gent estava molt trista.

—Per què estan tots tan tristos en aquest poble, si és tan bonic? —va preguntar a unes dones que estenien els llençols a l'herba perquè s'eixuguessin.

—Quina pregunta! Es nota que ets foraster! —li va respondre una d'elles—. Doncs, mira, has de saber que la desgràcia ha arribat al poble, perquè aquesta tarda vindrà una serp de set caps a emportar-se la donzella més bonica, i la donzella més bonica és la filla del rei, que resplendeix com el sol de primavera i és valenta com mil cavallers tots junts. El seu pare no la vol lliurar a la serp, però ella diu que sí, que vol convèncer el monstre perquè se l'emporti a ella, si promet no tornar mai més a la recerca de donzelles.

—Sí que n'és, de valenta i generosa, la princesa! —va exclamar el noi—. Doncs sabeu què, senyora? Jo mataré aquest monstre!

—Déu meu, xicot! No saps què dius!

—Això ja ho veurem —va contestar ell, amb valentia.

Immediatament, se'n va anar a veure el rei i li va explicar que volia matar la serp de set caps. El rei, que estava desfet per la pena, li va dir que tot era inútil, perquè la serp era molt poderosa, però que, com que el veia tan decidit, podia demanar-li el que volgués. El noi va demanar només un gos, una llança i un cavall. El rei li va donar el que volia, i el noi se'n va anar en una clariana de la fageda, on la princesa esperava la serp de set caps.

—Vés-te'n d'aquí! Aquest lloc és molt perillós! —va exclamar la princesa, en veure'l aparèixer.

—Vinc a matar la serp —va contestar el noi, encara més decidit a enfrontar-se al monstre en veure que la princesa era tan bonica com s'havia imaginat.

En aquell moment, la terra va començar a tremolar, es va sentir un udol espantós, tan fort com deu trons, i els arbres van començar a caure a tort i a dret com espigues madures quan hi passa la falç. Quan van caure els últims faigs que envoltaven la clariana, la serp va aparèixer arrossegant-se sobre els arbres que havia fet caure amb els seus set caps, que miraven en totes direccions alhora.

—Vés-te'n, que encara hi ets a temps! —li va cridar la princesa al noi, però ell ja es preparava per enfrontar-se al terrible monstre.

—El meu gos, la meva llança i el meu cavall, veniu aquí! —va dir, i tot seguit es van acostar el gos i el cavall, que portava la llança lligada al llom amb una corretja.

El gos es va llançar de cap contra la serp i va començar a mossegar-la per la part on el cos es dividia en set colls. La serp va tirar els caps enrere per treure's el gos del damunt, i el noi, aprofitant l'ocasió, es va llançar al galop i va tirar la llança amb tanta força i tan bona punteria que la va clavar al monstre al mig del cor.

Immediatament els set caps es van desplomar a terra i la serp va expirar amb un udol que va fer tremolar el bosc sencer.

La princesa gairebé no es podia creure el que veia i es va posar tan contenta que va abraçar el noi ben fort i li va dir que l'acompanyés al palau per tal d'explicar-ho tot al seu pare.

Quan la gent del poble els van veure acostar-se tots dos sans i estalvis, van anar a avisar el rei, van llançar les campanes al vol i van deixar anar tants coloms blancs que van cobrir tot el cel. El rei va sortir a rebre'ls plorant d'alegria i, després de besar la seva filla i abraçar el noi, va escoltar el relat del que havia passat.

—Llenyataires del poble —va dir, després, el rei—, aneu a cremar el cos de la serp perquè la seva carn no enverini la terra ni se la mengin les graules. Pel que fa a tu, jove valent —va afegir, adreçant-se al noi—, has de saber que la meva filla volia salvar totes les donzelles del poble, i tu l'has salvada a ella i, per tant, alhora, a totes les altres. Per aquesta raó, et concedeixo l'honor més elevat que et puc concedir: la mà de la meva única filla, la princesa a qui has salvat, si així ho desitgeu tots dos.

Per descomptat, tots dos nois van dir que sí, que es casarien a l'estiu i, mentrestant, s'anirien coneixent.

L'endemà, quan la princesa ensenyava el palau al noi, es van aturar a admirar el paisatge que es veia des d'una galeria alta i, mirant, mirant, el noi va descobrir unes torres molt il·luminades que s'elevaven per damunt dels faigs, molt més enllà d'on acabava el bosc.

—Què són aquelles torres que es veuen al lluny? —va preguntar a la princesa.

—Són les torres del castell d'Iràs I No En Tornaràs. Que no se t'acudeixi anar-hi per res del món, perquè ja no ens tornaríem a veure.

El noi no va dir res, però sentia tanta curiositat que, a la nit, quan tothom dormia, es va aixecar, va agafar el cavall, el gos i la llança que li havia donat el rei, i se'n va anar cap al castell d'Iràs I No En Tornaràs.

Va cavalcar tota la nit sense descansar i, a la matinada, va arribar a les portes del castell, va aixecar l'enorme balda de ferro i va fer tres forts trucs. «Pam! Pam! Pam!» Una vella bruixa va sortir a obrir i li va dir:

—Què busques per aquests paratges solitaris?

—He entrevist les torres d'aquest castell des de lluny i m'agradaria veure'l per dins. Que podria passar?

—Podries, però hauries de deixar a fora el cavall, la llança i el gos.

El noi va fer el que la bruixa li havia dit i, just en el moment que va creuar el llindar, es va convertir en un llop. Llavors la bruixa el va tancar en un calabós on hi havia molts altres animals i un lleó guardià molt ferotge. El lleó guardià atacava immediatament qualsevol que obrís la porta, tret de la bruixa, és clar, perquè ella l'havia convertit en el seu esclau.

Segona part. El peix irisat

Mentrestant, el seu germà bessó va arribar en una pintoresca població marinera, on va aprendre l'ofici de pescador. Anava a pescar cada dia i, quan veia que ja tenia prou peix per mantenir-se, tornava a terra, encara que algunes vegades no pescava res i tornava a casa amb les mans buides.

Al cap de poc temps, el noi s'havia enamorat del mar: desitjava conèixer-ne els secrets, contemplar els coralls, les plantes i els peixos de tots colors que vivien en les profunditats. Això no obstant, li feien por els taurons; així, doncs, en les estones lliures, es va posar a inventar un aparell per veure les profunditats marines sense haver de bussejar.

Una tarda, quan estava a punt de tornar a terra sense haver aconseguit de pescar ni una sardina, li va caure a la xarxa un estrany peix de colors irisats, que li va dir:

—Jo sóc el peix que acoloreix tots els éssers del mar. De peixos com jo, només n'hi ha dos i, si em treus de l'aigua, em moriré; el meu company també es morirà de pena, deixarem d'existir per sempre i, llavors, l'aigua i els seus habitants aniran perdent els colors i tot es tornarà gris. Si no em treus de l'aigua, cada vegada que vinguis a pescar per al teu aliment, t'ompliré les xarxes de peixos i crustacis, i mai més no tornaràs a passar gana.

El noi es va imaginar llavors el mar, els peixos, els coralls, les algues, les estrelles i els cavallets marins, les sirenes i tots els éssers del mar sense els seus meravellosos colors, i va sentir tanta pena que, sense pensar-ho dues vegades, va retornar el peix a l'aigua immediatament. Després va tornar a tirar la xarxa i de seguida la va treure ben plena de peixos de tota mena, que va poder vendre al mercat a molt bon preu.

Des d'aquell dia, acabava la feina de seguida i es quedava una bona estona xerrant amb el peix irisat, que li explicava faules i llegendes de monstres i belles sirenes del fons del mar; per tant, ja gairebé no li feia falta acabar el seu invent per tal de saber què passava sota les verdes onades.

Un dia, en tornar del mercat, es va recordar dels seus pares i el seu germà, i llavors va anar a mirar l'ampolleta d'aigua clara. Quin salt que li va fer el cor quan va veure que l'aigua era completament tèrbola! Allò volia dir que el seu germà es trobava en perill; per tant, va agafar provisions, va tancar la porta i se'n va anar, ben decidit, a cercar-lo.

Va fer camí fins a la cruïlla on s'havien separat i va agafar la sendera per on se n'havia anat el seu germà.

Camina que caminaràs, un matí assolellat va arribar al poble de la muntanya. Quan va començar a caminar pels carrers, tothom el saludava com si el coneguessin de tota la vida i li preguntaven si hi havia tornat per quedar-s'hi i casar-se amb la princesa. Llavors va comprendre que el confonien amb el seu germà i se'n va anar a veure la princesa.

—Has tardat molt! —va exclamar la princesa, en veure'l. Ella també l'havia confós, i és que, realment, tots dos germans eren com dues gotes d'aigua—. Vas anar al castell d'Iràs I No En Tornaràs? Què hi havia, allà? —li va preguntar.

—Al castell d'Iràs I No En Tornaràs? —va replicar ell—. On és, això?

—Què? Acabes de tornar-ne i ja no saps on és? —va contestar la princesa, però el va dur a la galeria i li va ensenyar les llunyanes torres il·luminades.

El noi va mirar l'ampolleta discretament i va veure que l'aigua s'havia tornat encara més tèrbola. «El meu germà deu ser allà», va pensar. I, sense més explicacions, se'n va anar ben de pressa, sense esperar que la princesa acabés de parlar.

Gairebé era de nit quan va arribar a les portes del castell, on encara hi va trobar el cavall, la llança i el gos. El cavall no es va espantar, en veure'l, i el gos no el va atacar, però tampoc no el van confondre amb el seu germà, perquè, en aquestes coses, els animals no es deixen enganyar com les persones.

El noi va muntar dalt del cavall, va agafar la llança amb la mà i va cridar el gos perquè es posés al seu costat. Després va aixecar la gran balda de ferro i va picar ben fort tres vegades. «Pam! Pam! Pam!». Tal com va passar l'altra vegada, la vella bruixa li va obrir la porta i li va preguntar:

—Què busques per aquests paratges solitaris?

—Busco el meu germà, que va venir aquí, i no l'hem vist més.

—Aquí no hi ha ningú, però, si vols entrar, hauràs de deixar a fora el cavall, la llança i el gos.

Llavors el noi va esperonar el cavall, va entrar al trot i, quan va passar pel costat de la bruixa, se la va endur agafant-la amb el braç.

—Ai, ai, ai! Deixa'm anar! Deixa'm anar, que em fas mal!

—Et deixaré anar quan em duguis on és el meu germà.

—El teu germà és un llop. Busca'l i clava-li la llança en un ull al lleó que el guarda. Només així el podràs desencantar. Però deixa'm anar!

—Et deixaré anar quan em duguis on és el meu germà —va repetir el noi i, sense deixar anar la bruixa, va recórrer el castell a cavall, amb el gos al seu costat i la llança al rest, fins que la bruixa li va assenyalar la porta del calabós.

—Obre aquesta porta i trobaràs el teu germà —va dir la bruixa—. Però, abans, deixa'm anar, perquè em fas molt de mal!

El noi es va compadir d'ella i la va deixar anar. Llavors va mirar la porta, emocionat, tot pensant que trobaria el seu germà a l'altra banda, i va anar a obrir-la. La bruixa va aprofitar la seva distracció per arrencar a córrer, però el gos va començar a grunyir i a ensenyar les dents d'una manera tan amenaçadora que la va fer retrocedir fins arraconar-la contra la porta del calabós. Llavors, en el moment que la dona la va fregar amb la mà, la porta es va obrir.

El ferotge lleó es va aixecar fent un bot, disposat a atacar, però, en veure la bruixa, es va tornar a tombar ben tranquil i amb un ull obert; així, doncs, el noi li va poder clavar la llança a l'ull sense cap problema.

Immediatament, la bruixa i el castell van desaparèixer, i tots els animals que hi havia es van trobar, de sobte, enmig d'unes penyes pelades i convertits en homes una altra vegada. Fins i tot el lleó guardià, que era un llenyataire cepat i molt simpàtic, va tornar a ser qui era, sense cap ferida a l'ull on se li havia clavat la llança.

Els dos germans es van poder abraçar, finalment, amb una gran alegria i, després d'explicar-se les aventures i de recordar-se dels seus pares, van emprendre el camí de retorn al palau del rei, acompanyats per tots els altres homes.

No us podeu imaginar com en va quedar, de sorpresa, la

princesa, en veure els dos germans junts, tan idèntics com dues gotes d'aigua; però, en mirar-los de prop, als ulls, va saber de seguida quin d'ells dos era el qui l'havia salvada de la serp i el va abraçar ben fort.

Dos dies després, es va celebrar el casament de la princesa i el noi. El seu germà va anar a buscar els seus pares, perquè com a pares els consideraven i com a pares els estimaven, i des d'aleshores van viure tots feliços, els uns al palau del rei de les muntanyes i els altres, al pintoresc poblet mariner, prop del peix irisat. I... Un, dos, tres, quatre, després de segar cal batre.

El gall Quiric

Hi havia una vegada un gall molt ben plantat que es deia Quiric. Un bon dia de primavera va rebre una invitació per anar, l'endemà al matí, al casament del seu oncle Joanic. Així, doncs, se'n va anar a dormir d'hora per tal d'estar descansat i fer bona cara. Es va llevar amb el sol, es va rentar ben renet de les potes a la cresta, es va empolainar les plomes fins a deixar-les ben lluents i va sortir de casa tan elegant com un guant.

Al cap d'una estona, va trobar un grapat d'ordi entre la pols del camí i, com que no havia tingut temps d'esmorzar, li van venir moltes ganes de menjar-se'l.

«Me'l menjo o no me'l menjo? —es va dir—. Si me'l menjo, em tacaré el bec i no podré anar al casament de l'oncle Joanic. No, no me'l menjaré.»

I va seguir caminant.

Quan encara li quedava un bon tros per arribar-hi, va trobar un grapat de blat enmig de la pols del camí.

«Me'l menjo o no me'l menjo? —es va dir una altra vegada—. Gairebé no m'hi puc resistir, però, si me'l menjo, em tacaré el bec i no podré anar al casament de l'oncle Joanic.»

Però els budells li feien tant de soroll que, finalment, se' l va menjar... i es va embrutar el bec de terra.

—Ai, ai, ai! —es va queixar—. M'he tacat el bec, i no puc anar així al casament de l'oncle Joanic!

Però llavors va veure una malva que prenia el sol a la vora del camí.

—Malva, malva —li va dir—, neteja'm el bec, perquè me l'he tacat, i no puc anar així al casament de l'oncle Joanic.

—No vull! No vull! —va contestar la malva.

I el gall Quiric va seguir caminant fins que es va trobar una ovella que pasturava a l'herba.

—Ovella, ovella —li va dir—, trepitja la malva, perquè la malva no vol netejar-me el bec, i no puc anar així al casament de l'oncle Joanic.

—No vull! No vull! —va contestar l'ovella.

I el gall Quiric va seguir caminant fins que es va trobar un llop que s'estava allà, ajagut, sense fer res.

—Llop, llop —li va dir—, espanta l'ovella, perquè l'ovella no vol trepitjar la malva, la malva no vol netejar-me el bec, i no puc anar així al casament de l'oncle Joanic.

—No vull! No vull! —va contestar el llop.

I el gall Quiric va seguir caminant fins que es va trobar un gos que feia la migdiada.

—Gos, gos —li va dir—, mossega el llop, perquè el llop no vol espantar l'ovella, l'ovella no vol trepitjar la malva, la malva no vol netejar-me el bec, i no puc anar així al casament de l'oncle Joanic.

—No vull! No vull! —va contestar el gos.

I el gall Quiric va seguir caminant fins que es va trobar un bastó que estava estirat a terra, ben quiet.

—Bastó, bastó —li va dir—, pega al gos, perquè el gos no vol mossegar el llop, el llop no vol espantar l'ovella, l'ovella no vol trepitjar la malva, la malva no vol netejar-me el bec, i no puc anar així al casament de l'oncle Joanic.

—No vull! No vull! —va contestar el bastó.

I el gall Quiric va seguir caminant sense saber a qui recórrer, fins que es va trobar el foc, que estava avorrit, sense fer res.

—Foc, foc —li va dir—, crema el bastó, perquè el bastó no vol pegar al gos, el gos no vol mossegar el llop, el llop no vol espantar l'ovella, l'ovella no vol trepitjar la malva, la malva no vol netejar-me el bec, i no puc anar així al casament de l'oncle Joanic.

—No vull! No vull! —va contestar el foc.

I el gall Quiric, que ja estava molt preocupat, va seguir caminant fins que es va trobar l'aigua, que descansava, ben fresca, en un revolt del riu.

—Aigua, aigua —li va dir—, apaga el foc, perquè el foc no vol cremar el bastó, el bastó no vol pegar al gos, el gos no vol mossegar el llop, el llop no vol espantar l'ovella, l'ovella no vol trepitjar la malva, la malva no vol netejar-me el bec, i no puc anar així al casament de l'oncle Joanic.

—No vull! No vull! —va contestar l'aigua.

I el gall Quiric va seguir caminant, cada vegada més trist i preocupat, fins que es va trobar una vaca que remugava en un prat.

—Vaca, vaca —li va dir—, beu-te l'aigua, perquè l'aigua no vol apagar el foc, el foc no vol cremar el bastó, el bastó no vol pegar al gos, el gos no vol mossegar el llop, el llop no vol espantar l'ovella,

l'ovella no vol trepitjar la malva, la malva no vol netejar-me el bec, i no puc anar així al casament de l'oncle Joanic.

—No vull! No vull! —va contestar la vaca.

I el gall Quiric, a punt de posar-se a plorar perquè ningú no volia fer-li un favor, va seguir caminant fins que es va trobar un ganivet que feia tombarelles tot sol.

—Ganivet, ganivet —li va dir, completament desesperat—, degolla la vaca, perquè la vaca no es vol beure l'aigua, l'aigua no vol apagar el foc, el foc no vol cremar el bastó, el bastó no vol pegar al gos, el gos no vol mossegar el llop, el llop no vol espantar l'ovella, l'ovella no vol trepitjar la malva, la malva no vol netejar-me el bec, i no puc anar així al casament de l'oncle Joanic.

I el ganivet, que tenia ganes de fer alguna cosa, se'n va anar a buscar la vaca. La vaca, en veure'l venir, es va voler beure l'aigua, l'aigua va voler apagar el foc, el foc va voler cremar el bastó, el bastó va voler-li pegar al gos, el gos va voler mossegar el llop, el llop va voler espantar l'ovella, l'ovella va voler trepitjar la malva i la malva va voler netejar-li el bec al gall Quiric.

Llavors la malva li va netejar el bec amb molta cura, i el gall Quiric, molt content, els va donar les gràcies a tots i els va dir que els portaria una cosa a cadascú quan tornés del casament del seu oncle Joanic. I darrere la porta hi ha un gos, i darrere la porta hi ha un gat, i aquest conte s'ha acabat.

En Joan Xiruguet

Doncs resulta que hi havia un sabater pegot que es deia Joan, eixerit i alegre com un picarol, encara que no es guanyava gaire bé la vida treballant honradament de sol a sol. Un matí, en entrar al taller, va veure una pila de mosques que havien caigut al betum i, d'una bona manotada, en va matar vuit i en va espantar set.

—Carambola! —va exclamar en Joan—. N'he matat vuit i n'he espantat set! Doncs ara ja sé què faré per canviar la meva sort!

Dit i fet, va tancar la porta de casa seva i se'n va anar a recórrer el món a la recerca de fortuna, cantant alegrement: «Sóc en Joan Xiruguet! En mato vuit i n'espanto set!».

Va passar per molts pobles, llogarrets i ciutats, i tothom s'admirava en sentir-lo i el saludaven amb respecte, perquè es pensaven que devia haver matat vuit dracs, vuit ogres o qualsevol altre ésser gran i poderós.

Camina que caminaràs, va arribar en un país que semblava molt pobre, perquè els camps estaven destrossats, no es veia bestiar als prats i la gent caminaven amb por pel carrer. En Joan se'n va anar en un hostal sense deixar de cantar la seva cançó i, en entrar-hi, tothom el va envoltar de seguida i el van felicitar pel fet de ser tan valent. Llavors se li va acostar l'hostaler i li va dir que anés de seguida a veure el rei, perquè segur que li faria un encàrrec important.

I, efectivament, en Joan es va presentar al palau del rei i va demanar audiència. El rei, en assabentar-se de qui era en Joan, el va rebre immediatament i li va explicar que el seu país era ric i pròsper, i que la gent hi vivia feliç, però que, feia set anys, hi havia arribat un gegant que trepitjava els camps i es menjava el bestiar, i que ja no ho podien suportar més.

—De veritat has fet el que dius en la teva cançó? —li va preguntar el rei.

—Majestat, jo sóc en Joan Xiruguet, en mato vuit i n'espanto set —va contestar en Joan, sense dir tota la veritat.

—Llavors, voldries anar a matar el gegant que ens està arruïnant? Al país ja no queda ningú que se li pugui enfrontar, perquè ell ha vençut tots els cavallers valents.

—I tant que sí, majestat! Pero abans necessito menjar alguna cosa i, després, que em doneu deu rals.

—Només això? —va preguntar el rei, sorprès—. Ni armes ni un cavall, ni res més?

—Jo sé el que dic, majestat.

Així, doncs, el rei va manar que li donessin el que demanava i, després de menjar, en Joan se'n va anar a la recerca del gegant. Pel camí, va fer servir els deu rals per comprar un ocell, un ou, un sarró i cordill per lligar-se el sarró.

Caminant i cantant la seva cançó a plens pulmons, no va tardar gaire a trobar-se el gegant, que era alt i fort com un pi anyenc.

—Així, doncs, en mates vuit i n'espantes set, oi? —li va dir el gegant, rient amb una veuassa que semblava les cascades del Niàgara—. Que n'ets, de bromista, jovenet!

—Si tanta gràcia et fa, gegantàs —va contestar en Joan, sense acovardir-se—, et desafio a veure qui tira una pedra més lluny.

—Ha, ha, ha! —va riure el gegant—. D'acord, home! Et trobo simpàtic i, com que ara mateix no tinc gaire gana, et guardaré per a l'hora de sopar.

I tots dos se'n van anar en un camp ras. Primer va tirar el gegant i, quan estava distret mirant fins on arribava la seva pedra, en Joan va treure l'ocell del sarró i el va llançar a volar.

—Mira on ha caigut la meva pedra! A vuit llegües, com a mínim! —va exclamar el gegant amb molta satisfacció.

—Doncs mira per on encara va la meva —va replicar en Joan, assenyalant l'ocell que seguia volant, al lluny—. Vuit llegües, com a mínim, i set més de propina! I, si no estàs convençut que t'he guanyat, a veure qui treu més aigua d'una pedra.

El gegant es va rascar el caparràs i, després de rumiar-ho una mica, va dir que hi estava d'acord, però que després se'l menjaria. Va agafar una enorme pedra de terra i, per bé que la va fer miques amb una sola mà, d'allà no en va sortir ni una gota d'aigua. Mentrestant, en Joan va treure l'ou del sarró, el va aixafar i, com és lògic, en va regalimar un bon raig de líquid.

—Diantre de jovenet! —va exclamar el gegant, rascant-se el caparràs igual que abans—. M'has tornat a guanyar!

—Però, si vols, ara podem comprovar qui de nosaltres dos és capaç de menjar-se més farinetes d'una sola vegada.

I dit i fet, el gegant va preparar una olla enorme de farinetes, i tots dos es van posar a menjar. El gegant menjava i menjava sense parar, i en Joan, que s'havia lligat el sarró al coll, hi anava tirant les farinetes a cullerades, tot fingint que se les menjava.

—No puc més! —va exclamar el gegant al cap d'un parell d'hores.

—Què dius! Jo, amb això, no en tinc ni per començar! —va contestar en Joan, ben satisfet—. T'he guanyat, però, si vols, fem una última prova. Et desafio a córrer, per bé que m'has de donar la llei de l'avantatge.

—I quina llei és, aquesta? —va preguntar el gegant.

—Doncs que el gran, que ets tu, no comença la cursa fins que perd de vista el petit, que sóc jo.

—D'acord —va dir el gegant—, però aquesta vegada guanyaré, i després em serviràs de sopar.

Llavors en Joan es va posar a córrer com un llamp; al cap de poca estona, el gegant el va perdre de vista i va anar darrere seu corrent feixugament, perquè les farinetes li pesaven molt a l'estómac.

Mentrestant, en Joan, sense deixar de córrer, va obrir el sarró i va escampar pel camí les farinetes que portava. Quan el gegant va arribar on en Joan havia escampat les farinetes, es va pensar que el noi s'havia obert la panxa per tal de córrer més lleuger i, com que era un beneit, sense pensar-ho dues vegades, es va obrir la panxa allà mateix i va caure a terra tan llarg com era.

Poc després, en Joan va fer mitja volta i, tornant camí enrere, va arribar on era el gegant, que semblava un pi travessat al mig

del camí. Li va treure les botes i el cinturó, per tal de donar-los al rei com a prova, i se'n va anar al palau.

—Majestat —va dir en Joan—, podeu manar que vagin a recollir el gegant amb un carro i deu mules. Està travessat al mig del camí, i jo l'he vençut. Aquí en teniu la prova —i, tot dient això, li va lliurar les botes i el cinturó del gegant—. Em voleu fer algun altre encàrrec?

—Noi —va dir el rei, emocionat—, des d'ara t'anomenaran honorable Joan Xiruguet; et pots quedar i seràs tractat com un príncep,

o te'n pots anar i tornar quan et sembli. Aquí és casa teva.

—Gràcies, majestat. Ara com ara, prefereixo seguir recorrent el món, però potser un dia tornaré.

I en Joan va seguir buscant aventures tot cantant la seva cançó: «Sóc en Joan Xiruguet! En mato vuit i n'espanto set!». Fins que se'n va cansar i va tornar al palau del rei... I es va quedar a viure allà, feliç per sempre, i ben tranquil, amb la panxa contenta.

El llenyataire pobre

En els temps de la Mariacastanya, en aquest mateix país vivien un llenyataire i la seva dona, amb cinc filles i cinc fills. El pobre llenyataire guanyava molt poc amb la seva feina i, molts dies, la família no tenia gairebé res per menjar; però, a casa seva, sempre hi regnaven l'alegria i el bon humor.

Davant de la casa del llenyataire, hi vivia un matrimoni que no tenien cap fill, però sí riqueses de sobres, i, encara que no els faltava res, no eren feliços.

Un bon dia, la dona li va dir al seu marit que podrien ajudar una mica la família del llenyataire, que eren molt pobres, mentre que a ells, en canvi, els sobrava de tot. A més, com que sabia que l'esposa del llenyataire esperava un altre fill, va demanar al seu marit que s'oferissin per ser els padrins del nen, per tal de poder ajudar-los amb aquesta excusa. El marit va dir que sí i, al cap d'uns quants mesos, quan el menut va néixer, van anar a veure la família del llenyataire, carregats de regals per al nounat i de bones viandes per celebrar el naixement.

Des d'aleshores, els dos matrimonis van fer una certa amistat, però la família del llenyataire seguia essent tan pobra i alegre com sempre, i els seus veïns, també tan rics i tristos. Llavors la dona rica va tornar a dir al seu marit:

—Podríem donar una casa i moltes riqueses als nostres veïns... Nosaltres en tenim de sobres i, a ells, els falta de tot... Si gairebé no tenen res per menjar!

L'home ric hi va estar d'acord i va cridar el seu veí perquè l'anés a veure a casa seva. El pobre llenyataire es va espantar una mica, perquè pensava que els rics són més poderosos que els pobres i perquè ignorava què devia voler el seu veí; però, de tota manera, s'hi va presentar, tremolant com un flam.

—Estimat veí —va dir el ric—, escolteu-me bé, perquè us vull dir una cosa molt bona. La meva esposa i jo hem pensat donar-vos una casa gran i molts diners per tal que no passeu més estretors i pugueu viure bé.

—Pe... Però, veí! Això és un favor molt gran! No pu... No puc acceptar-ho! —va contestar el llenyataire, nerviosíssim.

Llavors el ric va començar a dir-li que ja no hauria d'anar al bosc a esllomar-se treballant, que els seus fills i filles podrien estudiar, que la seva esposa viuria més descansada i es tornaria molt bonica, que, si la seva família vivien feliços en la pobresa, encara estarien més contents en la riquesa... i una infinitat de raons més, fins que el va convèncer.

Mª Fe Quesada

L'endemà, el llenyataire i la seva família es van traslladar en una casa gran i bonica que tenia tres portes, dotze finestres, un hort i un jardí. Per dins, era una meravella, des dels cellers fins a les golfes, passant pel rebost, que estava ple a vessar d'aliments; la cuina, que era comodíssima; els tres banys grans, el menjador blau, la saleta groga, el saló rosa i els dormitoris; a cada dormitori hi havia un llit, un armari de lluna ple de roba i sabates, un rentamans de ferro forjat amb un mirall ovalat d'argent viu i una palangana i un gerro de ceràmica fina, una gibrelleta que hi feia joc i un tocador amb raspalls, pintes i sabons perfumats. En fi, que era com un somni.

Això no obstant, al capvespre, el llenyataire i la seva esposa van manar als seus fills i filles que barressin bé totes les portes i finestres perquè no hi entressin a robar. Aquella nit ningú no va poder dormir de gust per por dels lladres; per tant, l'endemà, tots estaven cansats i tristos, malgrat que vivien en una casa que tenia de tot.

Els dies van anar passant, i l'alegre família del llenyataire s'anava tornant cada cop més trista. Gairebé no sortien de casa i no es divertien, perquè estaven molt preocupats vigilant totes les seves riqueses, no fos cas que algú se les emportés.

Un matí, després d'esmorzar, el llenyataire va reunir la seva família al menjador i els va dir:

—Ja fa temps que no se senten cançons ni rialles en aquesta casa. Ara, tot és: «Tanca aquesta finestra, filla. Barra bé aquesta porta, fill. Mare, doneu-me una cortina gruixuda perquè ningú pugui veure què hi ha a la meva habitació. Pare, poseu un cadenat aquí perquè no hi entri ningú sense permís...». Ja n'estic tip. La culpa de tot això la té la riquesa, que ens ha tornat desconfiats i tristos; per tant, tornaré als nostres amics rics tot el que ens van donar. Hi esteu d'acord?

Tots van dir que sí, i llavors el llenyataire se'n va anar a casa de l'home ric. Li va dir que se'n tornaven a la seva casa d'abans i que moltes gràcies per tot, però que la riquesa els havia pres l'alegria i que els sabia greu.

El ric no va entendre res i es va enfadar amb el seu veí, perquè va pensar que era una beneiteria que li tornés el que li havia regalat, però, al cap de molts pocs dies, la família del llenyataire pobre ja tornava a estar tan contenta i feliç com ho estava abans, a la seva casa de sempre, i els seus veïns rics estaven igual de tristos i avorrits amb tota la seva riquesa. I conte contat, ja s'ha acabat.

El sac de mentides

Hi havia una vegada, en un regne situat als últims confins del món, un rei que tenia una filla que estimava molt i a qui, com que no podia prestar-li gaire atenció, consentia tots els capricis.

Un dia, la princesa es va posar malalta i el rei va cridar tots els metges de la cort, però cap d'ells no va aconseguir de guarir-la. Finalment, va arribar un vellet molt savi i va dir que la princesa es curaria si es menjava una compota de pera d'una perera màgica. Però, a la cort, ningú no sabia on hi havia una perera màgica. Per tant, el rei va enviar els seus pregoners a anunciar per tot el regne que concediria la mà de la seva filla a qui li portés les peres màgiques.

En aquell mateix país, però a moltes llegües de la cort del rei, hi vivia un humil pastor que es guanyava la vida cuidant, a la muntanya, les ovelles dels seus veïns. Un dia, de bon matí, quan va arribar als prats on solia anar amb els ramats, va veure un arbre que el dia abans no era allà. Això el va sorprendre molt, perquè els arbres no creixen de la nit al dia, i es va acostar a mirar-lo. Llavors va veure que era una perera molt singular, ja que el tronc i les branques semblaven de nacre; les fulles, de mareperla, i les tres úniques peres que li penjaven de les branques semblaven tres enormes perles blanques que brillaven suaument com si tinguessin llum pròpia. En veure aquella meravella, es va recordar del ban del rei, va pensar que potser havia trobat les famoses peres màgiques que ningú no sabia on eren i les va agafar de l'arbre.

Així, doncs, a la tarda, va guardar les ovelles a les cledes, va tornar a casa, molt content, i va lliurar les tres peres al seu fill tot dient-li que les portés al palau del rei, per si de cas podien curar la princesa.

El noi se'n va anar cap a la cort molt il·lusionat perquè podria veure la princesa, de la qual es deia que era bonica com el camp a la primavera. Quan hi va arribar, se'n va anar directament al palau i va ensenyar les peres als sentinelles de la porta. Ells el van conduir immediatament davant del rei, i aquella mateixa tarda la princesa es va menjar la compota de peres i es va curar.

L'endemà la princesa va anar a donar-li les gràcies al noi, però, en veure que no era ni un príncep ni un cavaller, li va dir al seu pare, amb veu amanyagadora, que no es volia casar amb ell. El rei, per tal de complaure-la, va pensar ràpidament com podria deslliurar-la del compromís.

—Mira, noi —li va dir, amb veu autoritària—, si et cases amb la meva filla, d'aquí a uns anys seràs rei. Però, per poder ser rei, has de saber tenir cura del poble millor que ningú. Així, doncs, començarem comprovant com t'encarregues de les llebres. Al matí te n'aniràs a la muntanya amb les cent llebres que tinc al meu corral, tornaràs a la tarda sense que te'n falti cap i faràs això tres dies seguits.

Tots dos se'n van anar al corral del palau, el rei va manar que deixessin anar les cent llebres, i els animals van arrencar a córrer cap a la muntanya tan de pressa que, abans de dos minuts, van desaparèixer totes.

El noi va anar darrere seu, però, al cap d'una estona, va comprendre que atrapar les cent llebres era impossible. A causa d'això, se li van omplir els ulls de llàgrimes i es va deturar al costat d'un pou per intentar tranquil·litzar-se. Llavors, una anciana va passar per allà i li va dir:

—Noi, omple'm aquesta galleda al pou, perquè em fa por abocar-me al brocal—. El noi va tirar la galleda al pou, lligada amb una corda, i la va tornar plena a l'anciana—. Has estat molt amable... Però digues, fill... Per què plores?

—Doncs mireu —va començar el noi, i li va explicar el que li havia passat amb les peres—. I ara —va prosseguir—, ploro de pena perquè la princesa, que és més bonica que el camp a la primavera, no es vol casar amb mi, i ploro de ràbia perquè el rei, en lloc de complir la seva paraula, m'ha posat una prova impossible de realitzar.

—En què consisteix, la prova? —va preguntar l'anciana.

—El rei diu que haig d'anar a la muntanya amb cent llebres i tornar al palau a la tarda amb totes cent, sense que en falti cap, i que haig de fer això tres dies seguits. Com si fossin ovelles!

—No t'amoïnis, noi. Com que has estat tan amable amb mi quan més desgraciat et senties, et regalo aquesta flauta i, cada vegada que la toquis, totes les llebres vindran al teu costat i aniran amb tu on les vulguis portar.

El noi no es podia creure el que sentia; per tant, va donar les gràcies a l'anciana i, sense perdre un moment, se'n va anar a la muntanya i va començar a tocar la flauta. Quina sorpresa que va tenir quan va veure que les cent llebres apareixien saltant i es quedaven al seu voltant com si fossin manses ovelles! Així, doncs, es va passar tot el dia descansant a la muntanya i, cap al tard, va tocar la flauta i va tornar totes les llebres a les gàbies.

El rei, en veure que el noi havia tornat amb totes les llebres, va pensar que era llest de veritat i va anar a dir a la seva filla que el noi valia molt, que ho tingués en compte. Però la princesa no va canviar d'opinió i li va demanar al seu pare, amb veu amanyagadora, que fes alguna cosa per ajudar-la. Per això, l'endemà a la tarda, el rei es va disfressar de captaire i va anar a esperar el noi al camí. Quan el va veure arribar amb les cent llebres saltant al seu voltant, li va dir:

M. FE QUESADA

—Pastor de llebres, me n'has de donar una per sopar, perquè sóc pobre i passo gana.

Malgrat la disfressa, el noi va reconèixer el rei per la seva veu autoritària i li va contestar:

—Senyor captaire, jo no us puc donar una llebre si no us la guanyeu amb una feina.

—I quina feina ha de ser?

—Heu de recollir amb les mans tots els excrements que les llebres han deixat pel camí i dur-los al femer.

El rei es va posar verd com un enciam; després, negre com el carbó, i després, blanc com la cera; però va recollir tots els excrements, i el noi li va donar una llebre. Però, tan bon punt el rei es va allunyar amb l'animal, el noi va tocar la flauta, i la llebre es va escapar i va tornar amb ell.

L'endemà, que ja era el tercer dia, el noi va tornar a anar a la muntanya amb les llebres i, a la tarda, quan tornava amb totes cent, el va anar a trobar la princesa, disfressada de camperola i muntada dalt d'un ase, i li va dir:

—Vailet que cuides les llebres, fa tres dies que la meva mare té l'olla al foc només amb aigua... Em dónes una llebre perquè puguem menjar, si et plau?

El noi també va reconèixer la princesa per la seva veu amanyagadora i li va dir:

—Xicota, jo no et puc donar una llebre si no te la guanyes amb una feina.

—I quina feina ha de ser?

—Li has de fer un petó al ruc sota la cua.

—Que ets boig, vailet? Amb qui et penses que parles? —va contestar la princesa, indignadíssima.

—Amb una camperola muntada dalt d'un ase, oi?

La princesa, vermella de ràbia i vergonya, es va haver de mossegar la llengua, va baixar de l'ase i li va fer un petó sota la cua, però tan de pressa que l'animal no se'n va adonar i no li va tirar cap guitza. Després, el noi li va donar una llebre i la princesa se'n va anar traient foc pels queixals. Al cap de cinc minuts, el noi va tocar la flauta i la llebre va tornar amb ell.

El rei i la princesa ja no sabien què fer per desfer-se del fill de l'humil pastor i es van passar la nit esprement-se el cervell a la recerca d'una solució.

—Ja sé què farem! —va dir la princesa, de sobte—. Demà el convidarem a sopar amb tota la cort i li demanarem que ens faci riure omplint un sac de mentides. Com que hi haurà

molta gent, es posarà nerviós i no serà capaç de dir ni una sola mentida ben dita.

I, efectivament, l'endemà a la nit van convidar el noi a sopar amb tota la cort. Enmig del sopar, el rei li va manar que sortís al centre del saló i li va dir que, per poder-se casar amb la seva filla, havia de fer riure a tothom omplint un sac de mentides.

—He vist llebres corrent pel mar i sardines a la muntanya —va dir el noi, recordant una antiga cançó de mentides.

—Bah! No ha rigut ningú perquè això ja ho sabíem tots —va dir la princesa, burlant-se d'ell.

—He vist una vaca molt salada que dóna llet merengada —va prosseguir el noi.

—Una altra bestiesa! —va exclamar el rei, sense deixar de menjar—. Segueix!

—Doncs un dia, no fa gaire —va dir ell, que ja estava fart de tantes trampes—, vaig veure que la princesa li feia un petó a un ruc sota la cua.

—Oh! Quina barbaritat! Quina mentida més enorme! —va exclamar la princesa, més vermella que un pebrot, mentre tota la cort esclatava en grans riallades.

—I un altre dia —va continuar el noi, sense immutar-se—, vaig veure el rei recollint excrements de llebres pel camí.

—Prou! Prou! —va dir el rei, mort de vergonya, tot i que gairebé no se'l podia sentir enmig de les riallades dels ministres i les ministres, que es cargolaven per terra de tant riure—. El sac ja és ple! Lliga'l ben fort i casa't amb la meva filla!

I es van casar, però uns quants anys més tard, quan la princesa, després d'haver passat tanta vergonya per tramposa i amanyagadora, va comprendre que el noi li havia salvat la vida amb el seu esforç i que, a més, era eixerit i molt bona persona. Per tant, es va enamorar d'ell, ja no va tornar a fer trampes a ningú i, finalment, tots van ser feliços com passa sempre en els contes. I vet aquí un gat, i vet aquí un gos, i vet aquí que el conte ja s'ha fos.

Bromes pesades

Hi havia una vegada un camperol que es deia Perot i que es va casar amb una dona del seu poble que estimava molt. La dona, que es deia Maria, també l'estimava, però era d'allò més bromista i, de tant en tant, li gastava alguna broma pesada al seu marit.

Un dia, en Perot li va demanar aigua a la seva dona.

Ella li va donar una gerra de vinagre i, quan va veure la cara que va fer en Perot quan en va beure un glop, es va cargolar de riure. Un altre dia, ell li va demanar que li cosís el botó dels pantalons, i la Maria ho va fer, però només amb un parell de passades de fil; i quan en Perot es va posar a treballar al camp, el fil es va trencar, i ell es va haver de passar tot el dia aguantant-se els pantalons amb una corda que li raspava el melic, mentre la Maria es feia un tip de riure cada vegada que se l'imaginava amb els pantalons als genolls.

Un altre dia, quan en Perot va tornar del camp a la tarda, la Maria va dir que no volia sopar res perquè no es trobava bé. L'endemà va passar el mateix, i també el dia següent. En Perot es va començar a preocupar, perquè pensava que es posaria malalta, i ho va explicar a un amic seu.

—Ai, company! —li va dir al seu amic—. Fa tres dies que la meva dona no menja gens, i no sé què fer.

—Que és estrany! —va contestar l'amic—. Aquest matí l'he vista a la font, i estava més airosa i bonica que mai.

—Doncs jo et dic que li passa alguna cosa, perquè, quan arribo a casa, la trobo al llit queixant-se, i no es lleva ni per menjar.

—Mira —va contestar l'amic—, aquí hi ha gat amagat. No pot ser que s'hagi passat tres dies sense menjar i que segueixi tan airosa i bonica. Vols dir que no és una altra broma de la teva dona?

Tots dos es van quedar en silenci, rumiant el que acabaven de dir. De sobte, l'amic del camperol va tenir una idea.

—Ja està, company! —va exclamar fent un bot—. Demà faràs veure que te'n vas al camp amb el bou, em deixaràs a mi l'animal, te'n tornaràs a casa i t'hi amagaràs per veure què fa la teva dona.

I, dit i fet, l'endemà en Perot li va dir adéu a la Maria, va treure el bou de la quadra i, en lloc de dur-lo al camp a treballar, el va deixar a l'estable del seu amic. Després va tornar corrents a casa seva i es va amagar sota l'ampit de la finestra.

Al cap d'una estona, va començar a plovisquejar, i la dona, que ja s'havia rentat i pentinat, va dir:

—Ai, quin dia més lleig! Bé, doncs, per consolar-me, em faré unes sopes amb el pa de quart.

Es va fer unes sopes boníssimes, se les va menjar i després va escombrar la casa, va netejar el corral i va donar el pinso a les gallines. A les dotze del migdia ja havia acabat la feina, i encara plovia.

—El temps no ha millorat —va dir ella—. Per tant, no puc rentar la roba, perquè no s'eixugaria... Però estic marejada de gana. A veure què em menjaré ara...

Llavors se'n va anar al galliner, va agafar tots els ous que les gallines havien post i es va preparar una truita que feia una oloreta que enamorava. Se la va cruspir en un tres i no res, i després es va posar a planxar i a cosir. Mentrestant, el seu marit seguia a la finestra, mirant-ho tot.

Cap a les quatre de la tarda, la Maria va acabar de planxar i de cosir, i va dir:

—Tinc una gana que m'alça! Ara em menjaré... El capó negre, que és el més grassonet.

Se'n va tornar al corral, va agafar el capó negre, el va matar, el va plomar i el va rostir amb patates fregides.

Quan va acabar, va rentar i va desar tots els atuells que havia embrutat. Després, com que ja era l'hora que tornava el seu marit, va deixar al foc una olla amb carn i patates per al sopar, i es va posar la camisa de dormir. Després va col·locar un gibrell prop del llit, com si hagués de vomitar, i es va allitar fingint cara de malalta.

Llavors en Perot se'n va anar a l'estable del seu company a recollir el bou i va tornar a casa seva com si vingués del camp. Quan va entrar, la seva dona va fer el gest d'aixecar-se per parar taula i li va dir:

—Ai, Perot! He estat vomitant tot el dia i estic esgotada.

—Bé, doncs queda't al llit una mica més, que jo ja pararé taula per tots dos.

—Sopa tu sol, perquè jo tinc l'estómac molt regirat, i només de pensar en el menjar, ja m'agafen basques.

—Anima't, dona —li va dir en Perot, molt sorneguer—. Ja veuràs com t'agafarà gana quan em vegis menjar a mi.

—Escolta, Perot —va dir la dona—, no ha parat de ploure en tot el dia. Que t'has mullat molt?

—Doncs mira, Maria —va contestar en Perot, que ja començava a riure—... Queia una pluja fineta com la molla del pa de quart que t'has menjat per esmorzar —i, dient això, li va tirar al cap tota l'aigua de la gerra—. Després m'he posat sota l'ampit de la truita que t'has menjat —i, dient aquestes paraules, la va treure a la porta del corral—, i així no ho he vist tot negre com el capó que t'has menjat per berenar.

I, dit això, la va tirar d'una empenta al mig del fang.

La Maria es va quedar tota plena de fang i, vermella com un pebrot de tanta vergonya, li va demanar perdó a en Perot. El camperol, com que l'estimava molt, la va ajudar a netejar-se, la va abraçar ben fort, i tots dos van acabar partint-se de riure.

Des d'aquell dia, la Maria no va tornar a fer-li bromes pesades al seu marit... I darrere la porta hi ha un gat, vet aquí el conte acabat.